Impressum
Verlag: BABADADA GmbH, Nedderfeld 112 , 22529 Hamburg
Geschäftsführer / Verlagsleitung: Harald Hof
Druck: Books on Demand GmbH, In de Tarpen 42, 22848 Norderstedt

Imprint
Publisher: BABADADA GmbH, Nedderfeld 112 , 22529 Hamburg, Germany
Managing Director / Publishing direction: Harald Hof
Print: Books on Demand GmbH, In de Tarpen 42, 22848 Norderstedt

# escola
# koulu

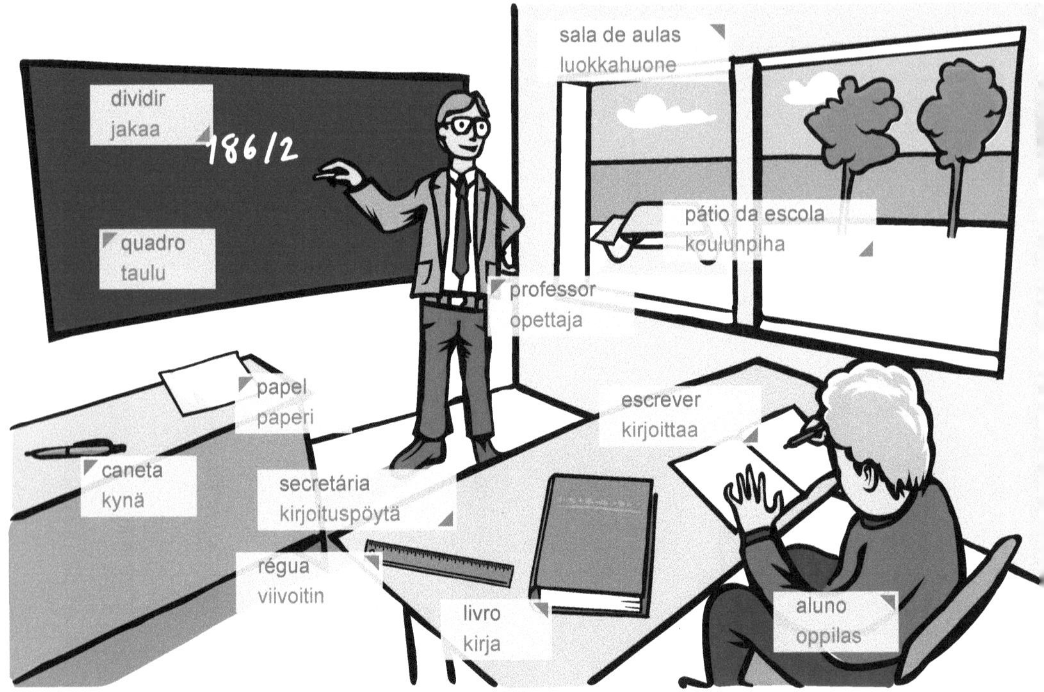
sala de aulas
luokkahuone
dividir
jakaa
186/2
quadro
taulu
pátio da escola
koulunpiha
professor
opettaja
papel
paperi
escrever
kirjoittaa
caneta
kynä
secretária
kirjoituspöytä
régua
viivoitin
livro
kirja
aluno
oppilas

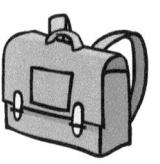

mochila
reppu

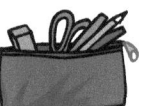

estojo de lápis
penaali

lápis
lyijykynä

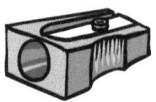

afia-lápis
kynänteroitin

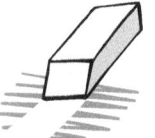

borracha
pyyhekumi

bloco de desenho
piirustuslehtiö

desenho

piirustus

pincel

pensseli

caixa de tintas

vesivärit

tesoura

sakset

cola

liima

livro de exercícios

harjoituskirja

trabalhos de casa

kotitehtävä

número

luku

somar

lisätä

subtrair

vähentää

multiplicar

kertoa

calcular

laskea

letra

kirjain

alfabeto

aakkoset

palavra

sana

escola - koulu

texto

teksti

ler

lukea

giz

liitu

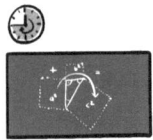

hora

oppitunti

registo de presenças

opettajan muistikirja

exame

koe

certificado

todistus

uniforme escolar

koulupuku

educação

koulutus

enciclopédia

sanakirja

universidade

yliopisto

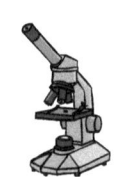

microscópio

mikroskooppi

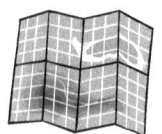

mapa

kartta

cesto de lixo

roskakori

# viagem
# matka

hotel
hotelli
Grand
hostel
retkeilymaja
ROOMS
casa de câmbio
rahanvaihto
mala
matkalaukku
carro
auto

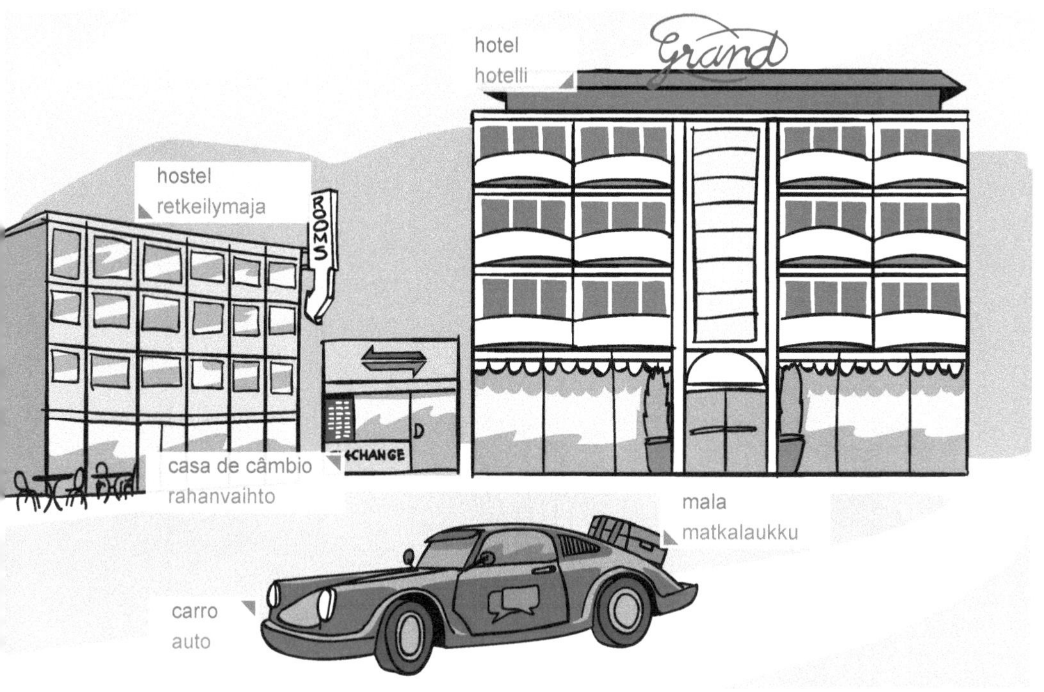

idioma

kieli

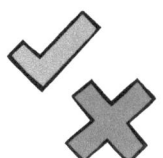

sim / não

kyllä / ei

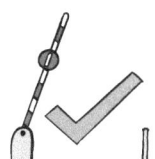

ok / certo / correto

selvä

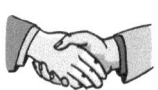

olá

hei

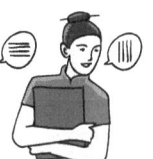

intérprete

tulkki

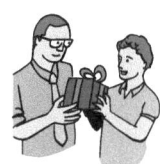

obrigado

kiitos

quanto é que custa... ?

Paljonko...maksaa?

não entendo

en ymmärrä

problema

ongelma

boa noite!

Hyvää iltaa!

Bom dia!

Hyvää huomenta!

Boa noite!

Hyvää yötä!

adeus

näkemiin

direção

suunta

bagagem

matkatavarat

saco

laukku

mochila

reppu

convidado

vieras

quarto

huone

saco-cama

makuupussi

tenda

teltta

informação turística
turisti-info

praia
ranta

cartão de crédito
luottokortti

pequeno-almoço
aamupala

almoço
lounas

jantar
päivällinen

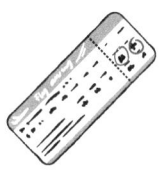

bilhete
matkalippu

elevador
hissi

selo postal
postimerkki

fronteira
raja

alfândega
tulli

embaixada
suurlähetystö

visto
viisumi

passaporte
passi

# transporte
# kuljetus

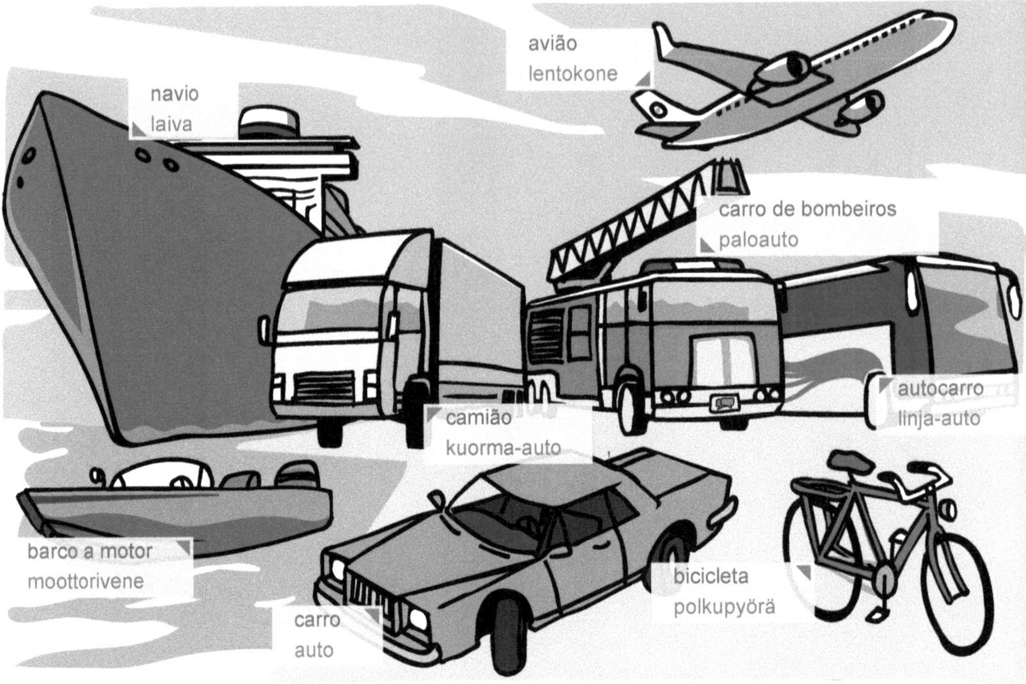
navio
laiva
avião
lentokone
carro de bombeiros
paloauto
autocarro
linja-auto
camião
kuorma-auto
barco a motor
moottorivene
bicicleta
polkupyörä
carro
auto

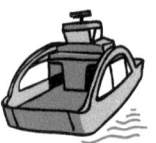

cacilheiro

lautta

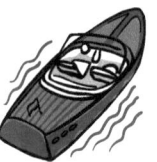

barco

vene

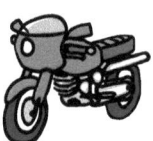

mota

moottoripyörä

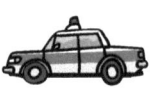

carro de polícia

poliisiauto

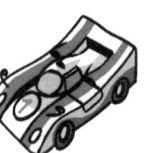

carro de corrida

kilpa-auto

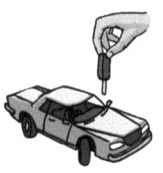

carro alugado

vuokra-auto

carsharing

car sharing

camião de reboque

hinausauto

camião do lixo

roska-auto

motor

moottori

combustível

polttoaine

estação de serviço

huoltoasema

sinal de trânsito

liikennemerkki

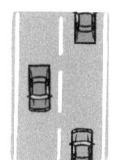

trânsito

liikenne

congestionamento de trânsito

ruuhka

parque de estacionamento

parkkipaikka

estação ferroviária

rautatieasema

carris

raiteet

comboio

juna

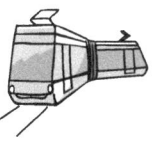

elétrico

raitiovaunu

carruagem

vaunu

helicóptero

helikopteri

aeroporto

lentokenttä

torre

lähilennonjohto

passageiro

matkustaja

contentor

kontti

caixa de papelão

pahvilaatikko

carrinho

kärryt

cesto

kori

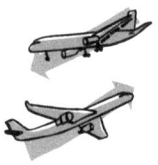

levantar voo / aterrar

nousta / laskea

## cidade

## kaupunki

aldeia

kylä

centro da cidade

keskusta

casa

talo

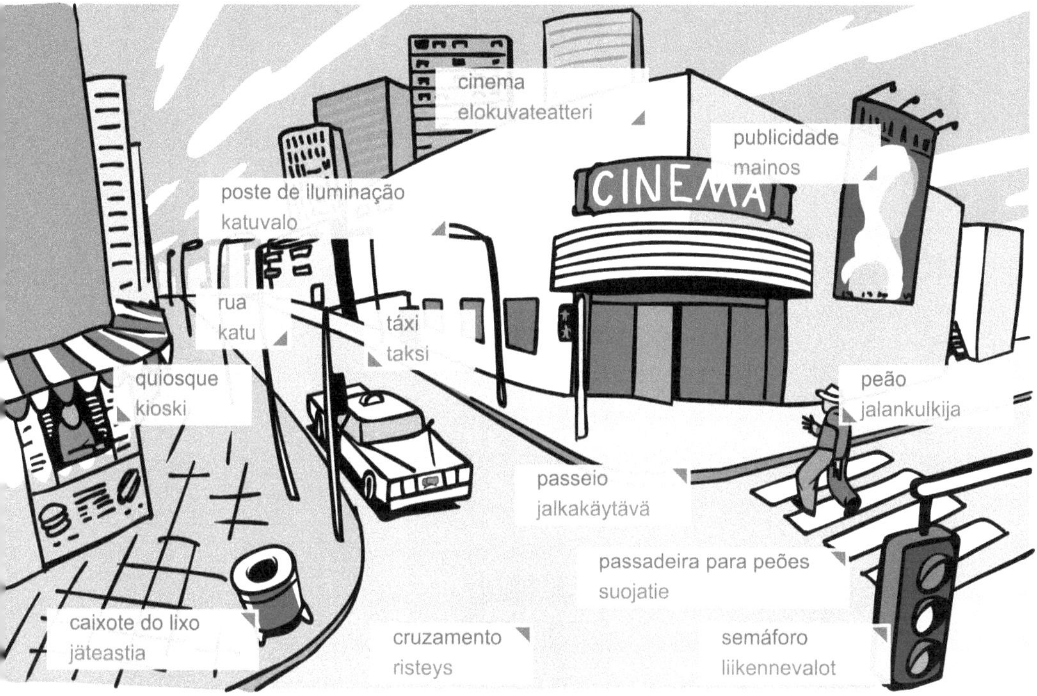

cinema
elokuvateatteri

publicidade
mainos

poste de iluminação
katuvalo

rua
katu

táxi
taksi

peão
jalankulkija

quiosque
kioski

passeio
jalkakäytävä

passadeira para peões
suojatie

caixote do lixo
jäteastia

cruzamento
risteys

semáforo
liikennevalot

cabana

mökki

apartamento

kerrostalo

estação ferroviária

rautatieasema

câmara municipal

kaupungintalo

museu

museo

escola

koulu

cidade - kaupunki

universidade

yliopisto

banco

pankki

hospital

sairaala

hotel

hotelli

farmácia

apteekki

escritório

toimisto

livraria

kirjakauppa

loja

liike

florista

kukkakauppa

supermercado

supermarketti

mercado

tori

loja de departamentos

tavaratalo

peixaria

kalakauppias

centro comercial

ostoskeskus

porto

satama

parque

puisto

banco

penkki

ponte

silta

escadas

portaat

metro

metro

túnel

tunneli

paragem de autocarro

linja-autopysäkki

bar

baari

restaurante

ravintola

caixa de correio

postilaatikko

sinal de trânsito

katukyltti

parquímetro

parkkimittari

jardim zoológico

eläintarha

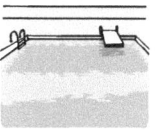

piscina

uimala

mesquita

moskeija

quinta

maatila

poluição

ympäristön saastuminen

cemitério

hautausmaa

igreja

kirkko

parque infantil

leikkikenttä

templo

temppeli

## paisagem
## maisema

folha
lehti

placa de sinalização
tienviitta

caminho
tie

prado
niitty

pedra
kivi

árvore
puu

caminhantes
retkeilijä

rio
joki

relva
ruoho

flor
kukka

vale

laakso

montanha

vuori

lago

järvi

floresta

metsä

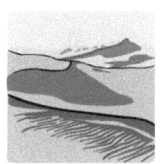

deserto

aavikko

vulcão

tulivuori

castelo

linna

arco-íris

sateenkaari

cogumelo

sieni

palma

palmu

mosquito

hyttynen

mosca

kärpänen

formiga

muurahainen

abelha

mehiläinen

aranha

hämähäkki

besouro

kovakuoriainen

sapo

sammakko

esquilo

orava

ouriço

siili

lebre

jänis

coruja

pöllö

pássaro

lintu

cisne

joutsen

javali

villisika

veado

peura

alce

hirvi

barragem

pato

turbina eólica

tuulimylly

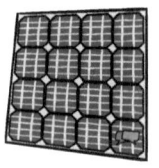

painel solar

aurinkopaneeli

clima

ilmasto

# restaurante
# ravintola

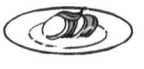

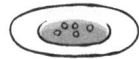

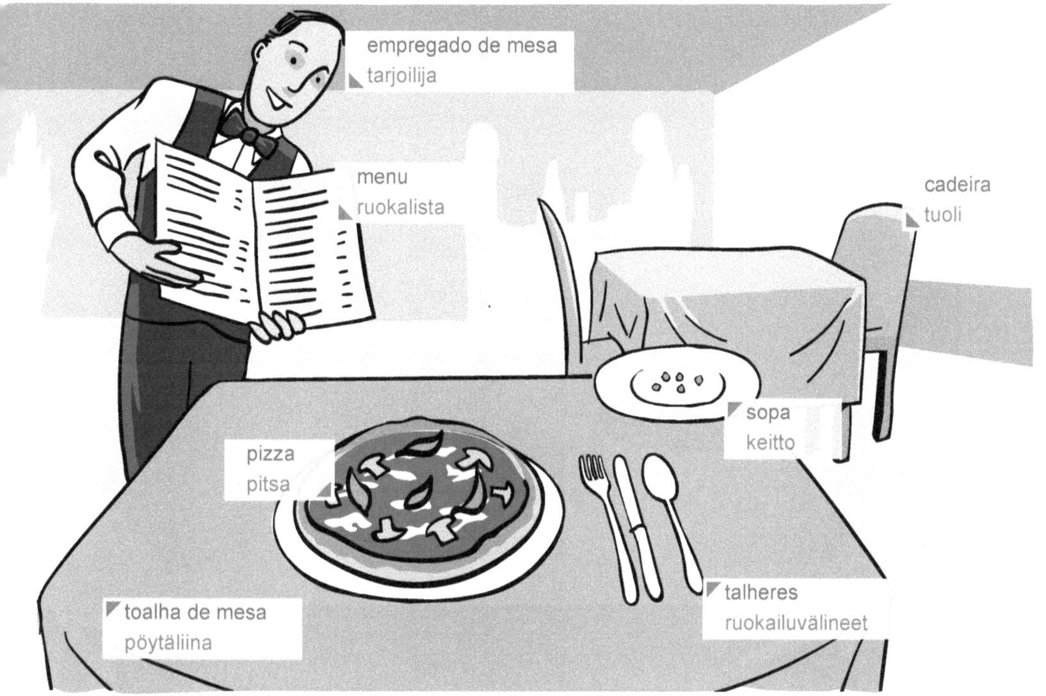
empregado de mesa
tarjoilija
menu
ruokalista
cadeira
tuoli
sopa
keitto
pizza
pitsa
talheres
ruokailuvälineet
toalha de mesa
pöytäliina

entrada

alkuruoka

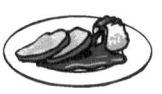

prato principal

pääruoka

sobremesa

jälkiruoka

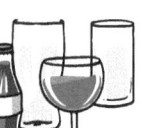

bebidas

juomat

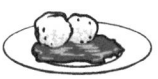

comida

ruoka

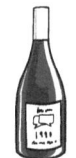

garrafa

pullo

fast food

pikaruoka

comida de rua

katuruoka

bule de chá

teekannu

açucareiro

sokeriastia

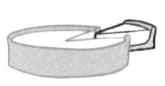

porção

annos

máquina de café expresso

espressokeitin

cadeira alta

syöttötuoli

conta

lasku

bandeja

tarjotin

faca

veitsi

garfo

haarukka

colher

lusikka

colher de chá

teelusikka

guardanapo

servietti

copo

lasi

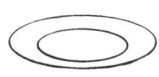

prato

lautanen

prato de sopa

syvä lautanen

pires

aluslautanen

molho

kastike

saleiro

suolasirotin

moinho de pimenta

pippurimylly

vinagre

etikka

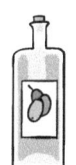

óleo

öljy

especiarias

mausteet

ketchup

ketsuppi

mostarda

sinappi

maionese

majoneesi

# supermercado
# supermarketti

oferta especial
tarjous
FOR
cliente
asiakas
laticínios
maitotuotteet
fruta
hedelmät
carrinho de compras
ostoskärryt

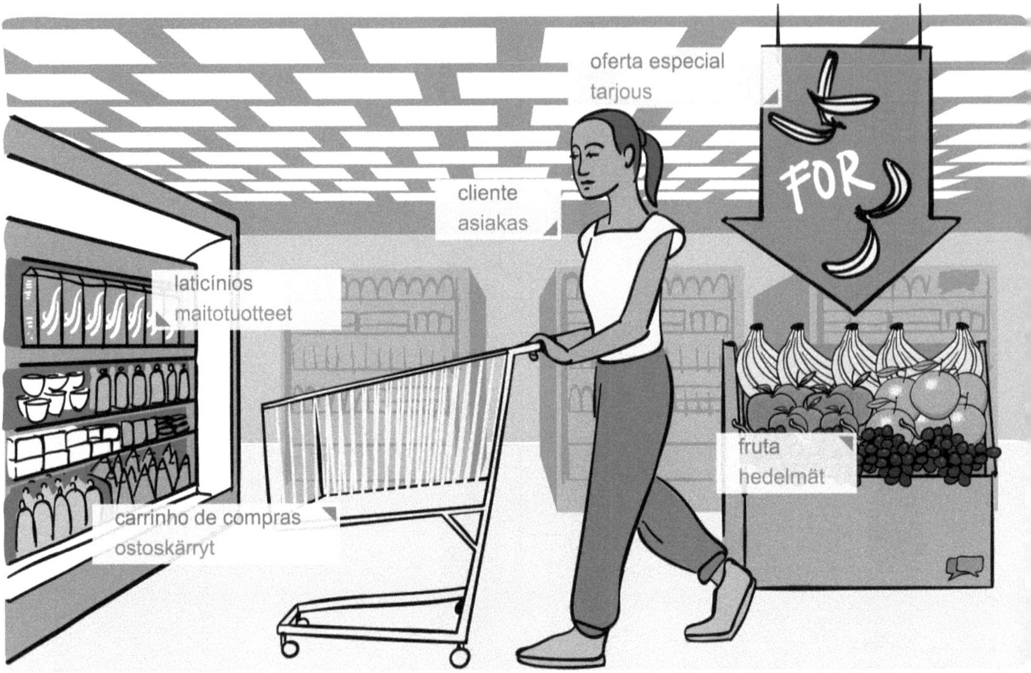

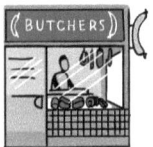

BUTCHERS

talho

teurastamo

BAKERY

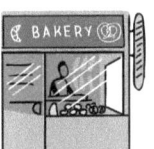

padaria

leipomo

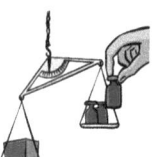

pesar

punnita

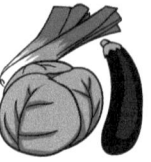

vegetais

kasvikset

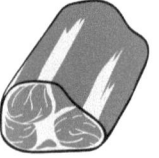

carne

liha

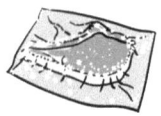

alimentos congelados

pakasteet

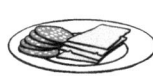

charcutaria
leikkele

comida enlatada
säilykkeet

detergente em pó
pesujauhe

doces
makeiset

artigos domésticos
kotitaloustarvikkeet

produtos de limpeza
puhdistusaineet

vendedora
myyjä

caixa
kassa

caixa
kassanhoitaja

lista de compras
ostoslista

horário de funcionamento
aukioloajat

carteira
lompakko

cartão de crédito
luottokortti

saco
kassi

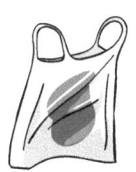

saco de plástico
muovipussi

água

vesi

sumo

mehu

leite

maito

coca-cola

kokis

vinho

viini

cerveja

olut

álcool

alkoholi

cacau

kaakao

chá

tee

café

kahvi

café expresso

espresso

capuccino

cappuccino

banana
banaani

maçã
omena

laranja
appelsiini

melão
meloni

limão
sitruuna

cenoura
porkkana

alho
valkosipuli

bambu
bambu

cebola
sipuli

cogumelo
sieni

nozes
pähkinät

talharim
spagetti

esparguete
........................
spagetti

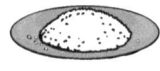

arroz
........................
riisi

salada
........................
salaatti

batatas fritas
........................
ranskalaiset

batatas fritas
........................
paistetut perunat

pizza
........................
pitsa

hambúrguer
........................
hampurilainen

sanduíche
........................
voileipä

bife panado
........................
leike

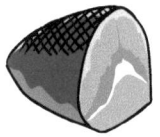

fiambre
........................
kinkku

salame
........................
salami

salsicha
........................
makkara

galinha
........................
kana

assado
........................
paisti

peixe
........................
kala

flocos de aveia

kaurahiutaleet

muesli

mysli

flocos de milho

murot

farinha

jauho

croissant

voisarvi

carcaça (pãozinho)

sämpylä

pão

leipä

torrada

paahtoleipä

biscoitos

keksit

manteiga

voi

requeijão

rahka

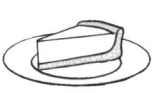

bolo

kakku

ovo

kananmuna

ovo estrelado

paistettu kananmuna

queijo

juusto

gelado

jäätelö

açúcar

sokeri

mel

hunaja

compota

hillo

creme de nougat

suklaapähkinälevite

caril

curry

# quinta
# maatila

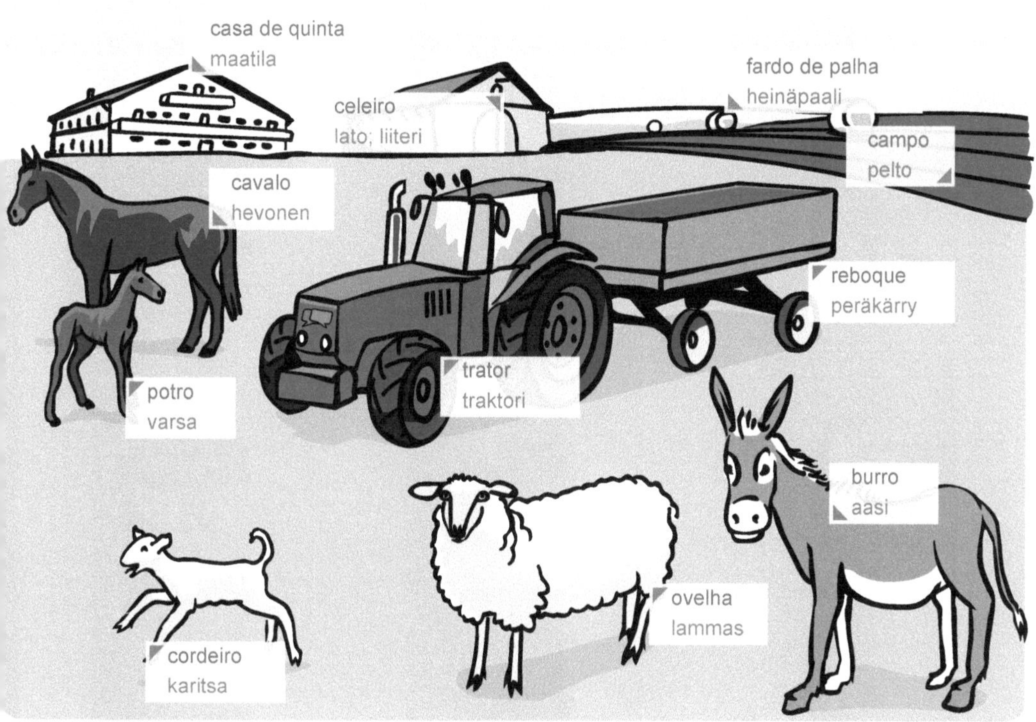
casa de quinta
maatila
celeiro
lato; liiteri
fardo de palha
heinäpaali
campo
pelto
cavalo
hevonen
reboque
peräkärry
trator
traktori
potro
varsa
burro
aasi
ovelha
lammas
cordeiro
karitsa

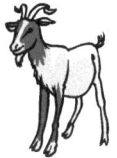

cabra

vuohi

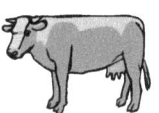

vaca

lehmä

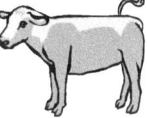

bezerro

vasikka

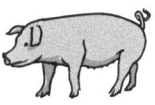

porco

sika

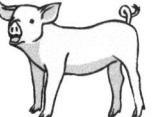

leitão

porsas

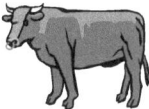

touro

sonni

ganso

hanhi

pato

ankka

pintaínho

tipu

galinha

kana

galo

kukko

ratazana

rotta

gato

kissa

rato

hiiri

boi

härkä

cão

koira

casota

koirankoppi

mangueira de jardim

puutarhaletku

regador

kastelukannu

foice

viikate

arado

aura

quinta - maatila

foice

sirppi

enxada

kuokka

forquilha

talikko

machado

kirves

carrinho de mão

kottikärryt

manjedoura

kaukalo

jarro de leite

maitokannu

saco

säkki

cerca

aita

estábulo

talli

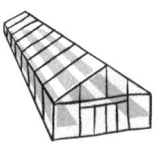

estufa

kasvihuone

solo

maa

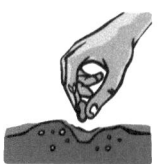

semente

siemen

fertilizante

lannoite

ceifeira-debulhadora

leikkuupuimuri

colher

kerätä sato

colheita

sato

inhame

jamssit

trigo

vehnä

soja

soija

batata

peruna

milho

maissi

colza

rypsi

árvore de fruto

hedelmäpuu

mandioca

maniokki

cereais

vilja

# casa
# talo

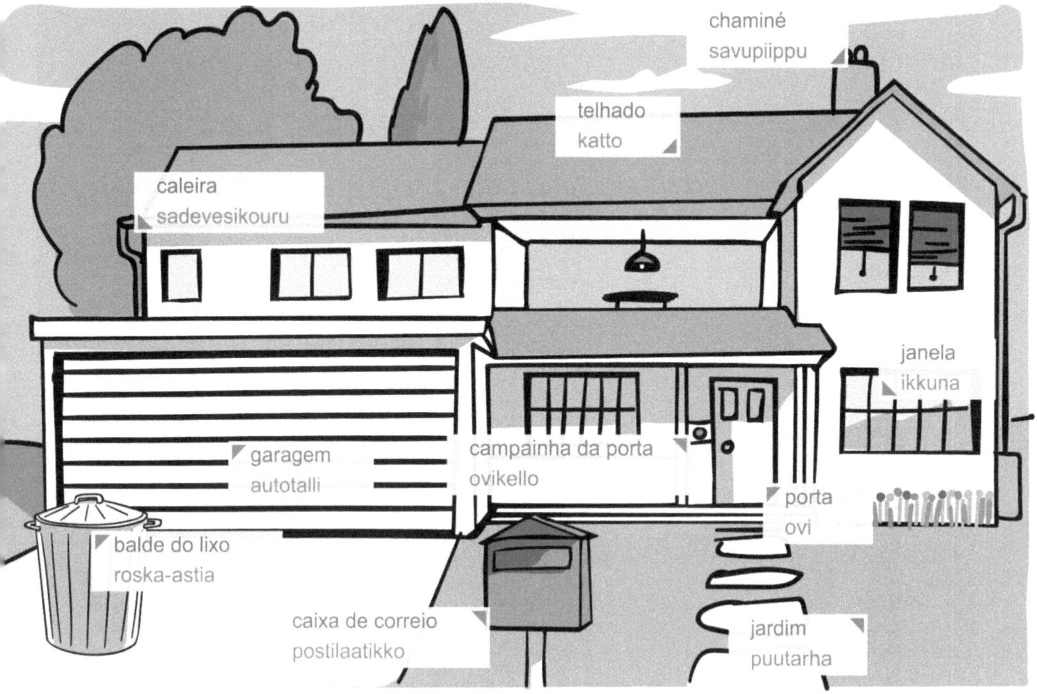
chaminé
savupiippu
telhado
katto
caleira
sadevesikouru
janela
ikkuna
garagem
autotalli
campainha da porta
ovikello
porta
ovi
balde do lixo
roska-astia
caixa de correio
postilaatikko
jardim
puutarha

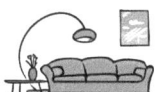

sala de estar

olohuone

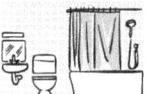

casa de banho

kylpyhuone

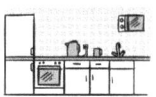

cozinha

keittiö

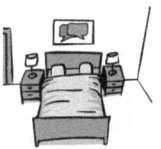

quarto de dormir

makuuhuone

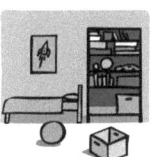

quarto de criança

lastenhuone

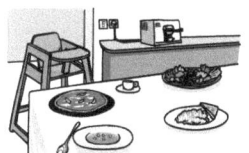

sala de jantar

ruokahuone

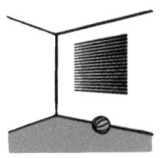

chão

lattia

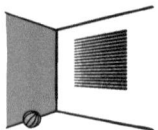

parede

seinä

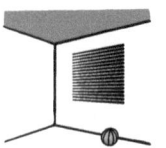

teto

katto

cave

kellari

sauna

sauna

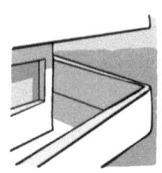

varanda

parveke

terraço

terassi

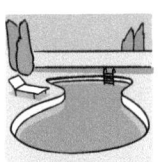

piscina

uima-allas

máquina de cortar relvado

ruohonleikkuri

lençol

lakana

cobertor

päiväpeitto

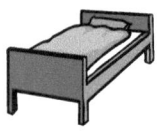

cama

sänky

vassoura

harja

balde

ämpäri

interruptor

katkaisin

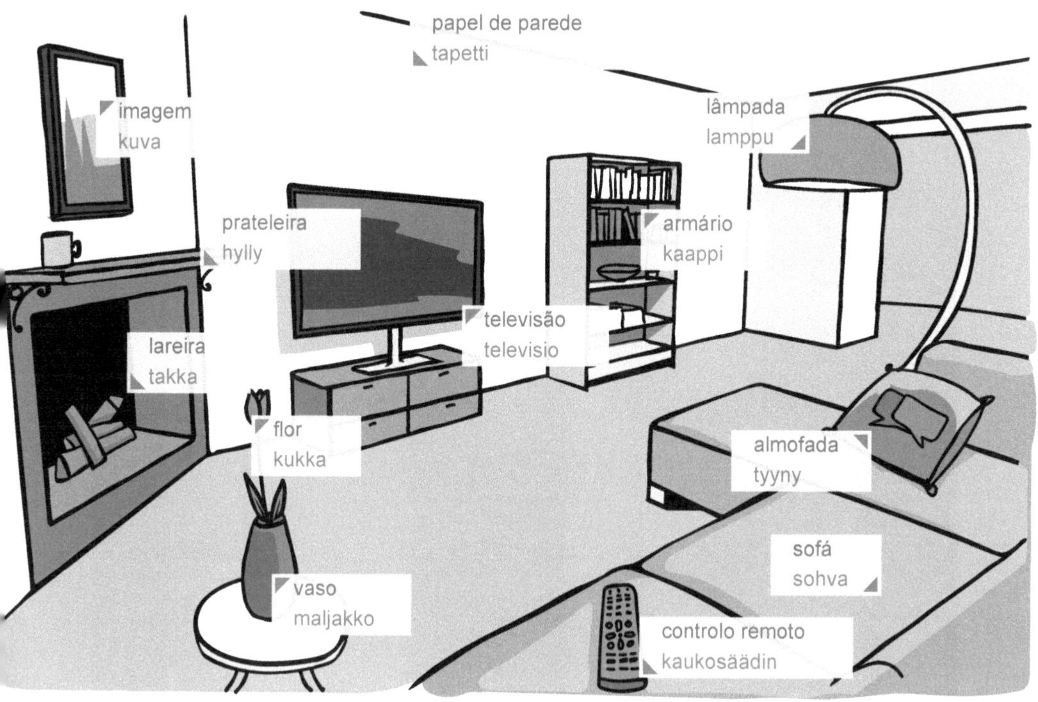

papel de parede
tapetti

imagem
kuva

lâmpada
lamppu

prateleira
hylly

armário
kaappi

televisão
televisio

lareira
takka

flor
kukka

almofada
tyyny

sofá
sohva

vaso
maljakko

controlo remoto
kaukosäädin

| tapete | cortina | mesa |
|--------|---------|------|
| matto | verho | pöytä |

| cadeira | cadeira de baloiço | poltrona |
|---------|--------------------|---------| 
| tuoli | keinutuoli | nojatuoli |

livro

kirja

cobertor

peitto

decoração

koriste

lenha

polttopuut

filme

elokuva

sistema estéreo

stereot

chave

avain

jornal

sanomalehti

pintura

maalaus

póster

juliste

rádio

radio

bloco de notas

muistivihko

aspirador

pölynimuri

cato

kaktus

vela

kynttilä

# cozinha
# keittiö

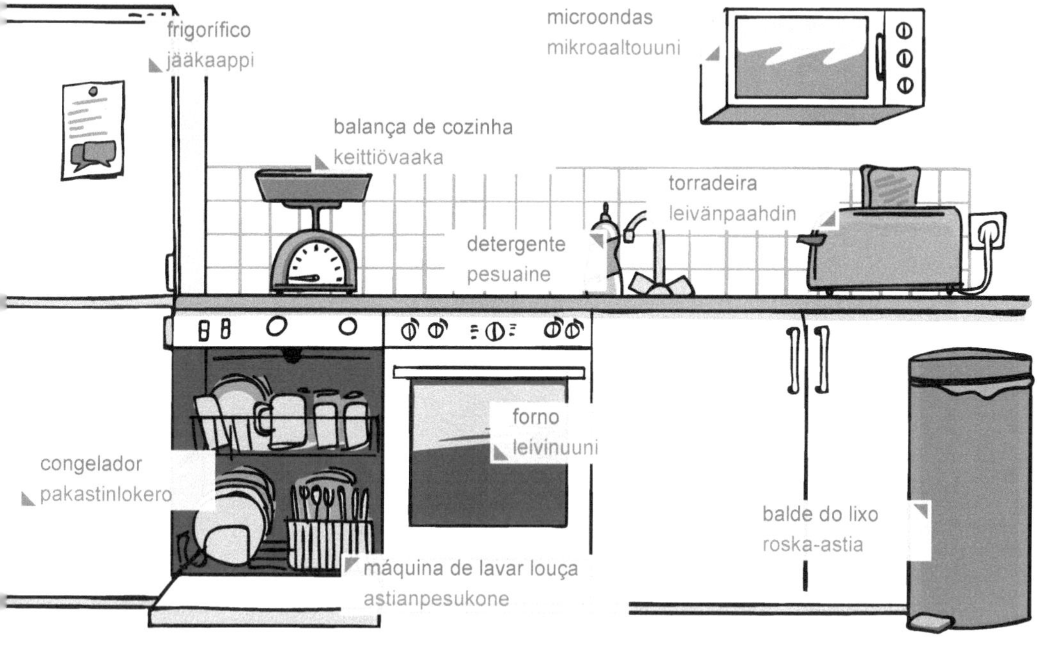
frigorífico
jääkaappi
microondas
mikroaaltouuni
balança de cozinha
keittiövaaka
torradeira
leivänpaahdin
detergente
pesuaine
forno
leivinuuni
congelador
pakastinlokero
balde do lixo
roska-astia
máquina de lavar louça
astianpesukone

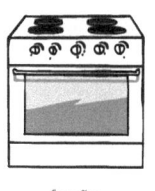

fogão

liesi

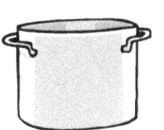

panela

kattila

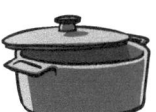

panela de ferro

rautapata

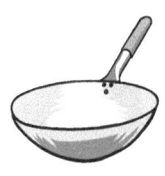

wok / kadai

vokkipannu / kadai-pannu

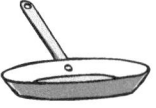

frigideira

paistinpannu

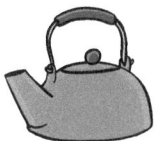

chaleira

teepannu

panela a vapor

höyrykeitin

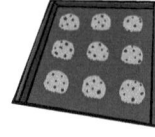

tabuleiro de forno

uunipelti

louça

astiat

caneca

muki

tigela

kulho

pauzinhos

syömäpuikot

concha de sopa

kauha

espátula

paistinlasta

batedor de claras

vispilä

escorredor

siivilä

peneira

siivilä

ralador

raastin

almofariz

mortteli

churrasqueira

grilli

lareira

avotuli

tábua de cortar

leikkuulauta

rolo da massa

kaulin

saca-rolhas

korkinavaaja

lata

purkki

abridor de latas

purkinavaaja

luvas de forno

pannulappu

lava-loiça

lavuaari

escova

tiskiharja

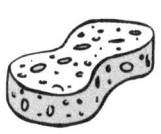

esponja

pesusieni

liquidificador

tehosekoitin

arca frigorífica

pakastin

biberão

tuttipullo

torneira

vesihana

# casa de banho
# kylpyhuone

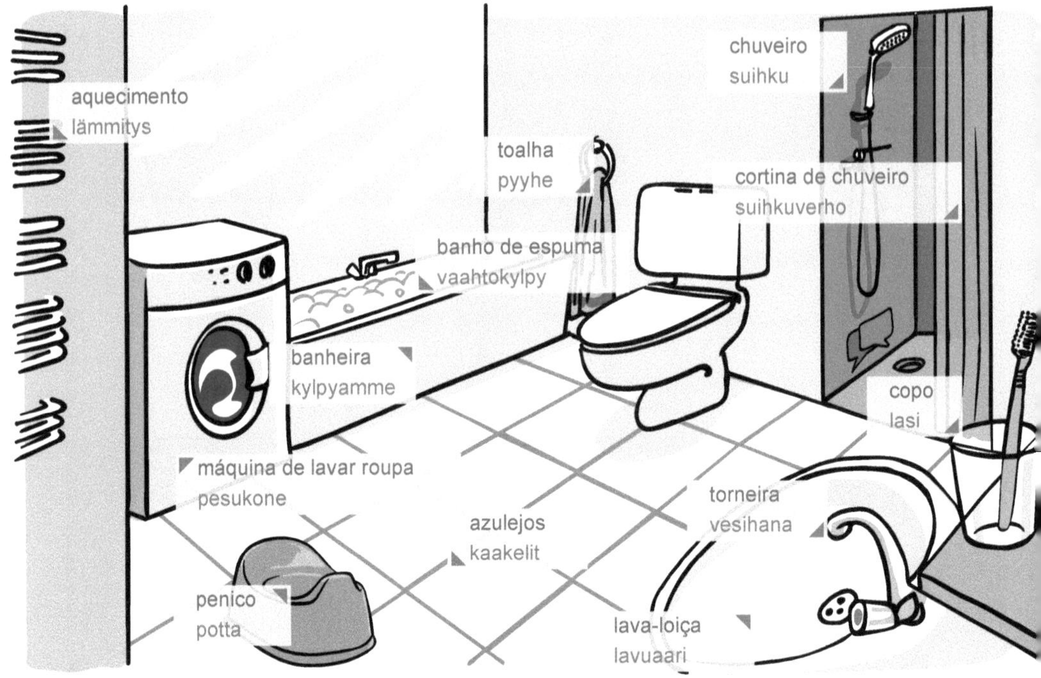
aquecimento
lämmitys
chuveiro
suihku
toalha
pyyhe
cortina de chuveiro
suihkuverho
banho de espuma
vaahtokylpy
banheira
kylpyamme
copo
lasi
máquina de lavar roupa
pesukone
torneira
vesihana
azulejos
kaakelit
penico
potta
lava-loiça
lavuaari

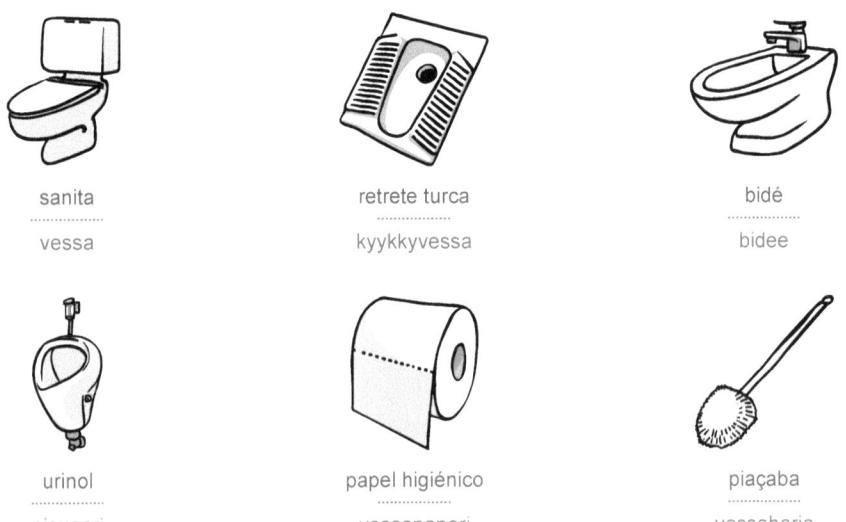

sanita
vessa

retrete turca
kyykkyvessa

bidé
bidee

urinol
pisuaari

papel higiénico
vessapaperi

piaçaba
vessaharja

escova de dentes

hammasharja

pasta de dentes

hammastahna

fio dentário

hammaslanka

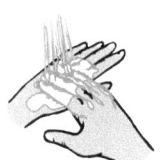

lavar

pestä

chuveiro de mão

käsisuihku

duche íntimo

intiimisuihku

bacia

pesuvati

escova para as costas

selkäharja

sabonete

saippua

gel de banho

suihkugeeli

champô

shampoo

toalha de rosto

pesulappu

escoamento

viemäri

creme

voide

desodorizante

deodorantti

espelho

peili

espelho de mão

käsipeili

máquina de barbear

partaveitsi

creme de barbear

partavaahto

loção pós-barba

partavesi

pente

kampa

escova

harja

secador de cabelo

hiustenkuivaaja

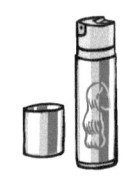

spray de cabelo

hiuslakka

maquilhagem

meikki

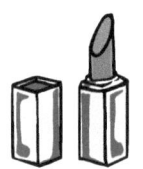

batom

huulipuna

verniz de unhas

kynsilakka

algodão

pumpuli

tesoura para unhas

kynsisakset

perfume

hajuvesi

casa de banho - kylpyhuone

nécessaire

kosmetiikkalaukku

tamborete

jakkara

balança

vaaka

roupão de banho

kylpytakki

luvas de borracha

kumihansikkaat

tampão

tamponi

penso higiénico

terveysside

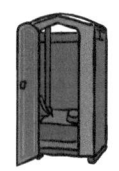

WC químico

kemiallinen wc

# quarto de criança
# lastenhuone

despertador
herätyskello
peluche
pehmolelu
carro de brincar
leikkiauto
chocalho
helistin
casa de bonecas
nukkekoti
presente
lahja

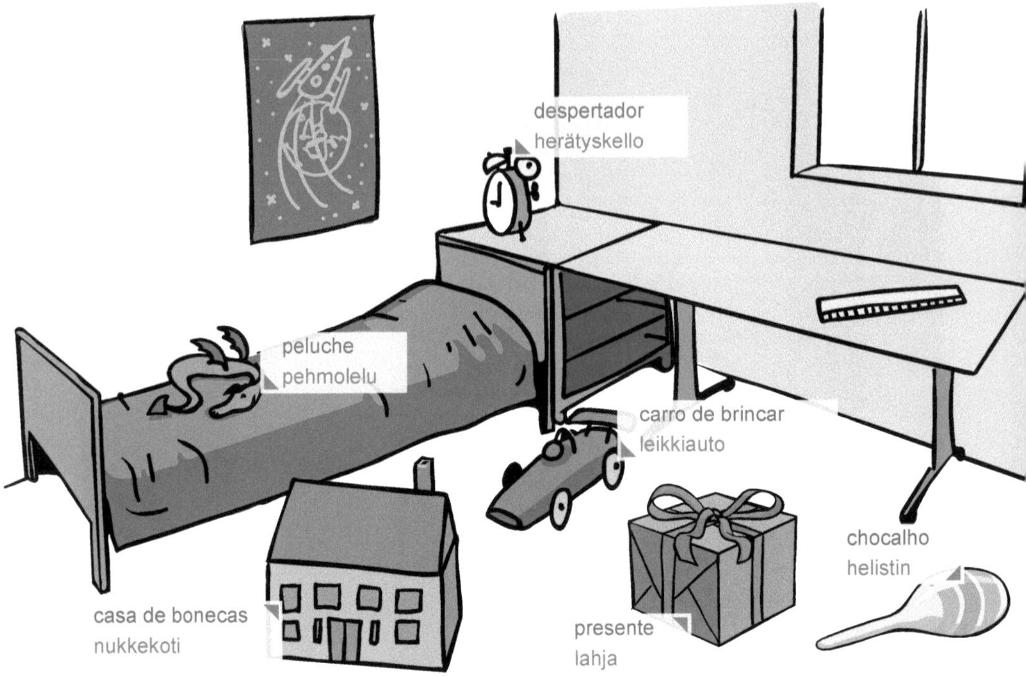

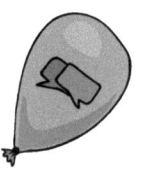

balão
.................
ilmapallo

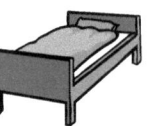

cama
.................
sänky

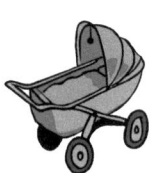

carrinho de bebé
.................
lastenvaunut

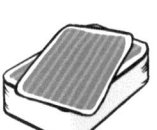

jogo de cartas
.................
korttipeli

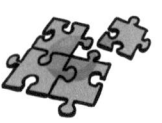

quebra-cabeças
.................
palapeli

banda desenhada
.................
sarjakuva

peças de Lego

legopalikat

blocos de construção

rakennuspalikat

figura de ação

supersankari

fato de bebé

potkupuku

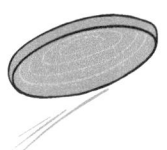

Frisbee

frisbee

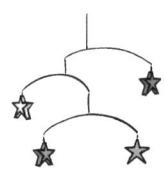

móbile para bebé

mobile

jogo de tabuleiro

lautapeli

dados

noppa

pista de comboio elétrico

pienoisjunarata

chupeta

tutti

festa

juhlat

livro ilustrado

kuvakirja

bola

pallo

boneca

nukke

jogar

leikkiä

caixa de areia

hiekkalaatikko

baloiço

keinu

brinquedos

lelut

consola de jogos

pelikonsoli

triciclo

kolmipyörä

ursinho de peluche

nalle

guarda-roupa

vaatekaappi

## vestuário
## vaatteet

meias

sukat

meias pelo joelho

nylonsukat

meias-calças

sukkahousut

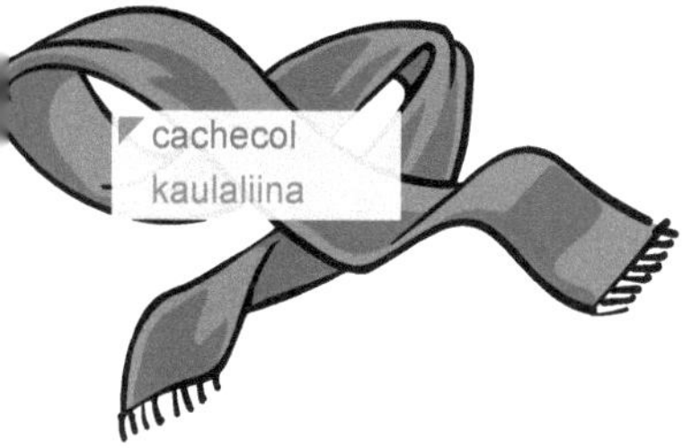

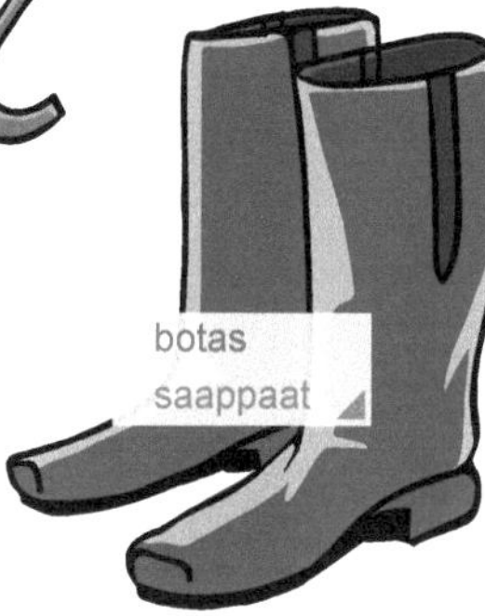

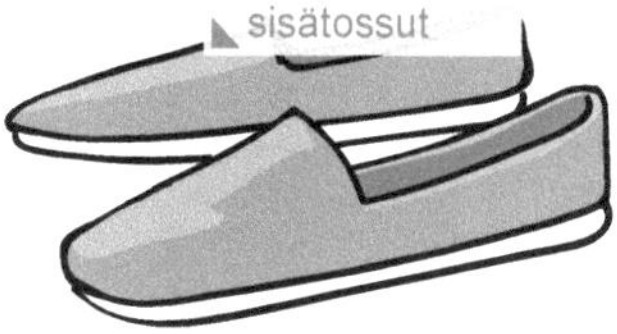

cachecol
kaulaliina

guarda-chuva
sateenvarjo

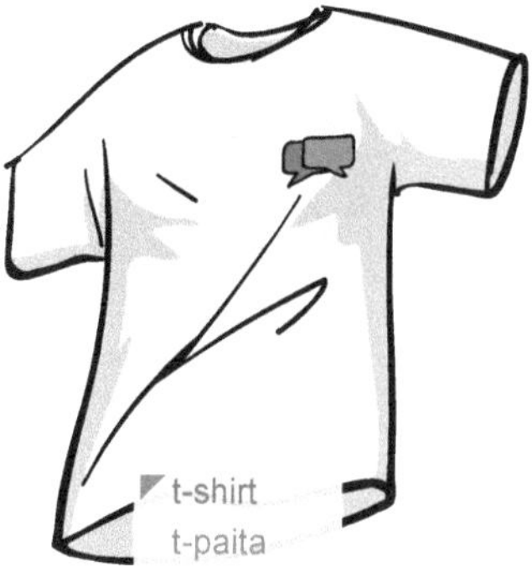

t-shirt
t-paita

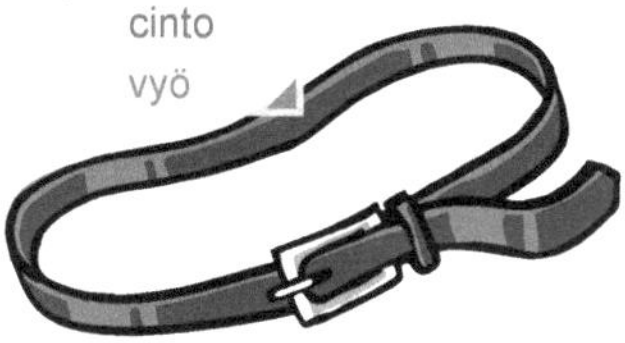

cinto
vyö

botas
saappaat

chinelos
sisätossut

sapatilhas
lenkkarit

sandálias
sandaalit

sapatos
kengät

botas de borracha
kumisaappaat

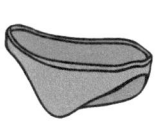

cuecas
alushousut

sutiã
rintaliivit

camisola interior
aluspaita

body

body

calças

housut

calças de ganga

farkut

saia

hame

blusa

pusero

camisa

paita

pulôver

villapaita

camisola com capuz

collegepaita

blazer

jakku

casaco

takki

manto

takki

gabardina

sadetakki

traje

puku

vestido

mekko

vestido de casamento

hääpuku

fato

puku

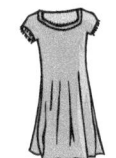

camisa de dormir

yöpaita

pijama

pyjama

sari

shari

lenço de cabeça

päähuivi

turbante

turbaani

burca

burka

cafetã

kaftaani

abaya

abaya

fato de banho

uimapuku

calções de banho

uimahousut

calções

shortsit

fato de treino

verkkarit

avental

esiliina

luvas

käsineet

botão

nappi

óculos

silmälasit

pulseira

rannekoru

colar

kaulakoru

anel

sormus

brinco

korvakoru

boné

lippalakki

cabide

ripustin

chapéu

hattu

gravata

solmio

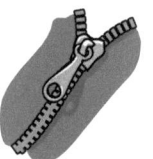

fecho de correr

vetoketju

capacete

kypärä

suspensórios

henkselit

uniforme escolar

koulupuku

uniforme

univormu

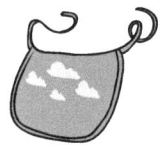

babete

ruokalappu

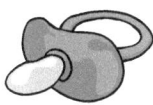

chupeta

tutti

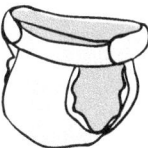

fralda

vaippa

# escritório
# toimisto

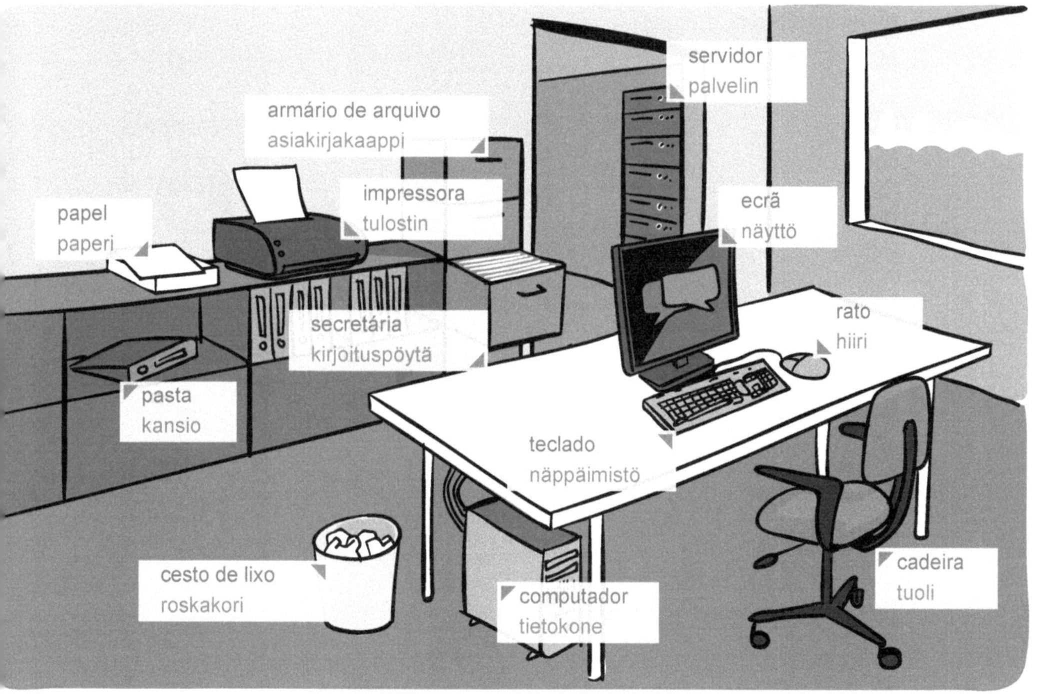
servidor
palvelin
armário de arquivo
asiakirjakaappi
impressora
tulostin
papel
paperi
ecrã
näyttö
secretária
kirjoituspöytä
rato
hiiri
pasta
kansio
teclado
näppäimistö
cesto de lixo
roskakori
computador
tietokone
cadeira
tuoli

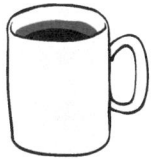

caneca de café

kahvimuki

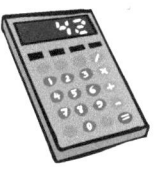

calculadora

taskulaskin

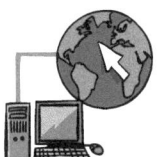

internet

internet

computador portátil

kannettava tietokone

carta

kirje

mensagem

viesti

telemóvel

kännykkä

rede

verkko

fotocopiadora

kopiokone

software

ohjelmisto

telefone

puhelin

tomada elétrica

pistorasia

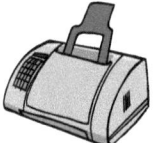

fax

faksi

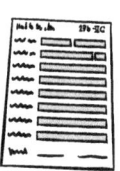

formulário

lomake

documento

asiakirja

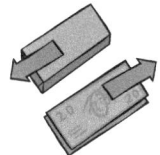

comprar
ostaa

pagar
maksaa

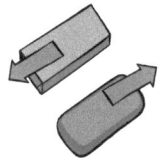

negociar
vaihtaa

dinheiro
raha

dólar
dollari

euro
euro

yen
jeni

rublo
rupla

franco suíço
frangi

renminbi yuan
renminbi juan

rupia
rupia

caixa de multibanco
pankkiautomaatti

casa de câmbio

rahanvaihto

ouro

kulta

prata

hopea

petróleo

öljy

energia

energia

preço

hinta

contrato

sopimus

imposto

vero

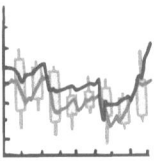

ação

osake

trabalhar

työskennellä

empregado

työntekijä

entidade patronal

työnantaja

fábrica

tehdas

loja

liike

# profissões
## ammatit

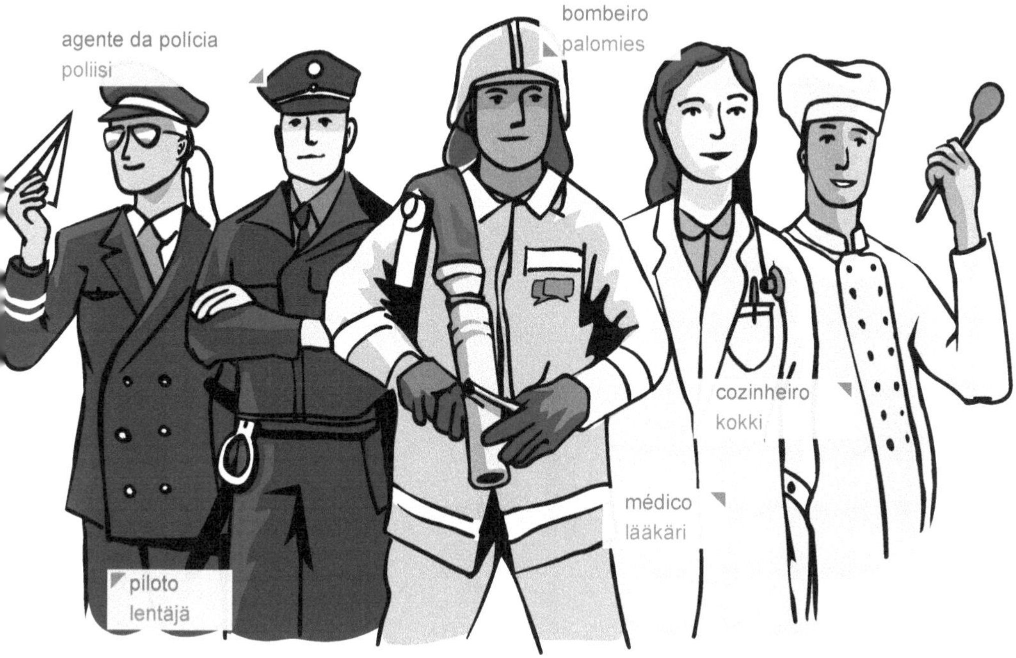

agente da polícia
poliisi
bombeiro
palomies
cozinheiro
kokki
médico
lääkäri
piloto
lentäjä


jardineiro

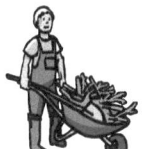

puutarhuri

carpinteiro

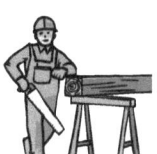

puuseppä

costureira

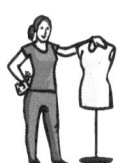

ompelija

juiz

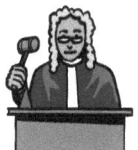

tuomari

químico

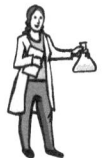

kemisti

ator

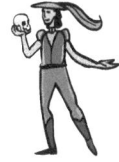

näyttelijä

motorista de autocarro

linja-autonkuljettaja

motorista de táxi

taksinkuljettaja

pescador

kalastaja

empregada de limpeza

siivooja

telhador

katontekijä

empregado de mesa

tarjoilija

caçador

metsästäjä

pintor

maalari

padeiro

leipuri

eletricista

sähköasentaja

construtor

rakentaja

engenheiro

insinööri

talhante

teurastaja

canalizador

putkiasentaja

carteiro

postinjakaja

soldado

sotilas

arquiteto

arkkitehti

caixa

kassanhoitaja

florista

floristi

cabeleireiro

kampaaja

controlador de bilhetes

konduktööri

mecânico

mekaanikko

capitão

kapteeni

dentista

hammaslääkäri

cientista

tiedemies

rabino

rabbi

imã

imaami

monge

munkki

pastor

pappi

# ferramentas
# työkalut

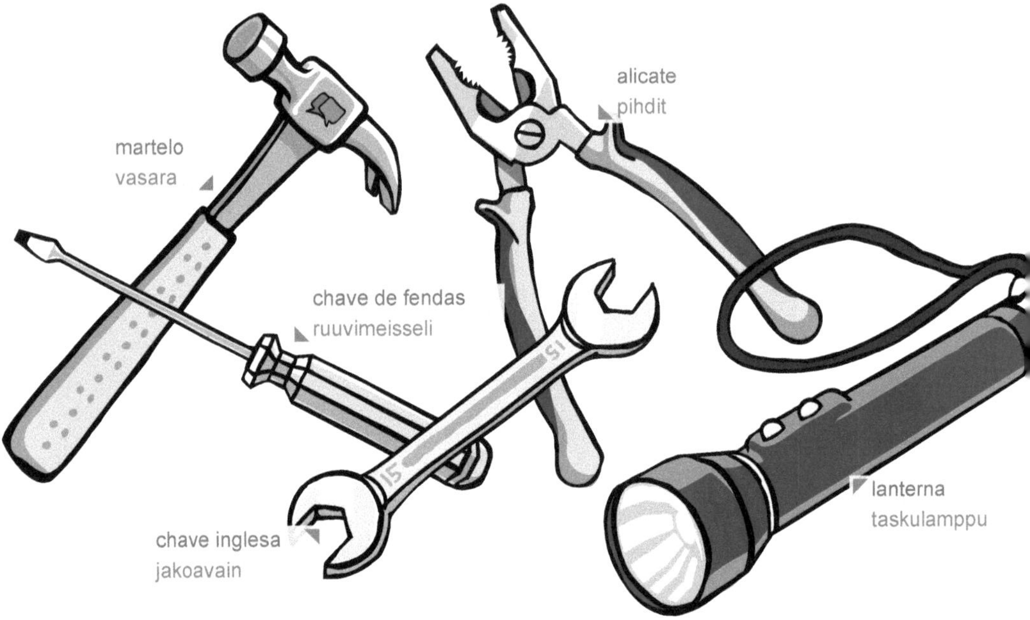

martelo
vasara
alicate
pihdit
chave de fendas
ruuvimeisseli
chave inglesa
jakoavain
lanterna
taskulamppu


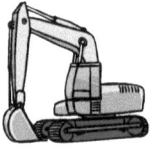

escavadora
kaivinkone

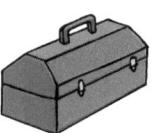

caixa de ferramentas
työkalupakki

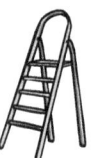

escadote
tikkaat

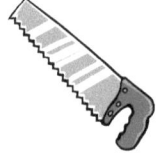

serra
saha

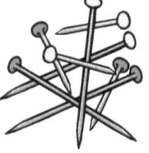

pregos
naulat

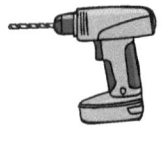

broca
pora

reparar

korjata

pá

lapio

porcaria!

Hitto!

pá de lixo

rikkalapio

pote de tinta

maalipurkki

parafusos

ruuvit

# instrumentos musicais
## soittimet

altifalante
kaiuttimet

bateria
rummut

guitarra
kitara

contrabaixo
kontrabasso

trompete
trumpetti

piano

piano

violino

viulu

baixo

basso

timbales

patarummut

tambor

rumpu

teclado

kosketinsoitin

saxofone

saksofoni

flauta

huilu

microfone

mikrofoni

# jardim zoológico
## eläintarha

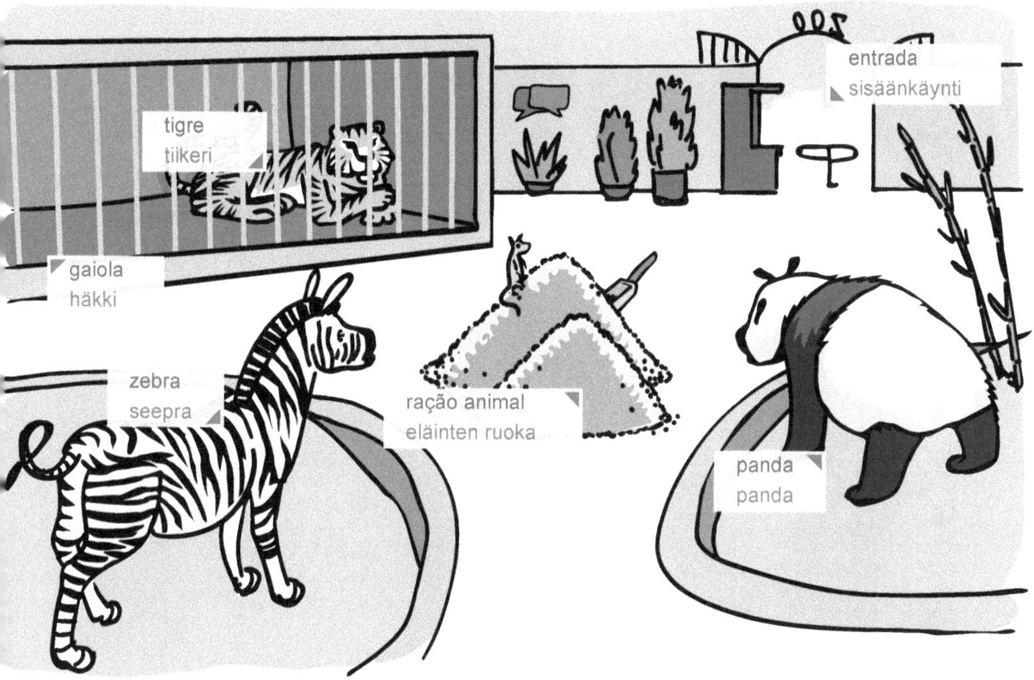

tigre
tiikeri
entrada
sisäänkäynti
gaiola
häkki
zebra
seepra
ração animal
eläinten ruoka
panda
panda


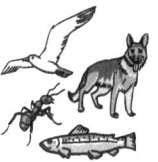

animais
eläimet

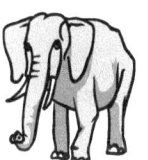

elefante
norsu

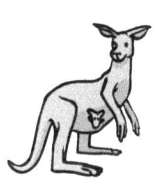

canguru
kenguru

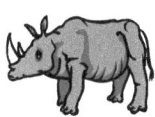

rinoceronte
sarvikuono

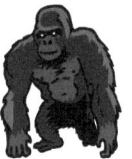

gorila
gorilla

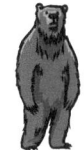

urso
karhu

camelo

kameli

avestruz

strutsi

leão

leijona

macaco

apina

flamingo

flamingo

papagaio

papukaija

urso polar

jääkarhu

pinguim

pingviini

tubarão

hai

pavão

riikinkukko

cobra

käärme

crocodilo

krokotiili

guarda do jardim zoológico

eläintarhanhoitaja

foca

hylje

jaguar

jaguaari

pónei

poni

leopardo

leopardi

hipopótamo

virtahepo

girafa

kirahvi

águia

kotka

javali

villisika

peixe

kala

tartaruga

kilpikonna

morsa

mursu

raposa

kettu

gazela

gaselli

futebol americano
amerikkalainen jalkapallo

ciclismo
pyöräily

ténis
tennis

basquetebol
koripallo

natação
uinti

hóquei no gelo
jääkiekko

boxe
nyrkkeily

futebol
jalkapallo

badminton
sulkapallo

atletismo
yleisurheilu

andebol
käsipallo

esqui
hiihto

polo
poolo

saltar
hypätä

abraçar
halata

rir
nauraa

andar
kävellä

cantar
laulaa

sonhar
unelmoida

rezar
rukoilla

beijar
suudella

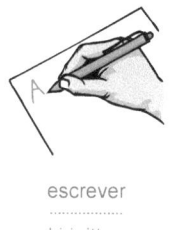

escrever

kirjoittaa

desenhar

piirtää

mostrar

näyttää

empurrar

painaa

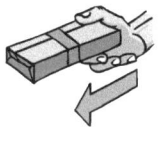

dar

antaa

tomar

ottaa

ter

omistaa

fazer

tehdä

ser

olla

ficar de pé

seisoa

correr

juosta

puxar

vetää

remessar

heittää

cair

kaatua

deitar

maata

esperar

odottaa

carregar

kantaa

sentar

istua

vestir

pukeutua

dormir

nukkua

acordar

herätä

olhar para

katsoa

chorar

itkeä

acariciar

silittää

pentear

kammata

falar

puhua

compreender

ymmärtää

perguntar

kysyä

ouvir

kuunnella

beber

juoda

comer

syödä

arrumar

siivota

amar

rakastaa

cozinhar

keittää

conduzir

ajaa

voar

lentää

velejar

purjehtia

calcular

laskea

ler

lukea

aprender

oppia

trabalhar

työskennellä

casar

mennä naimisiin

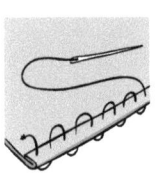

costurar

ommella

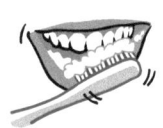

escovar os dentes

pestä hampaat

matar

tappaa

fumar

tupakoida

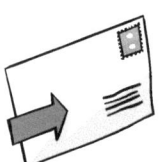

enviar

lähettää

# família
# perhe

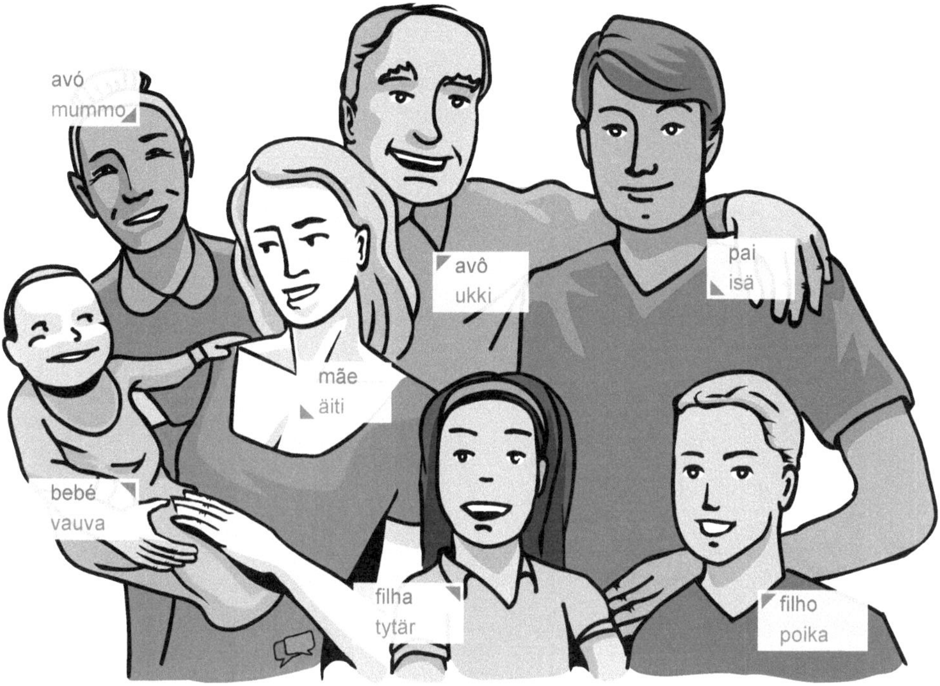
avó
mummo
avô
ukki
pai
isä
mãe
äiti
bebé
vauva
filha
tytär
filho
poika

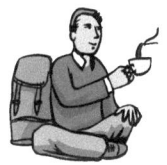

convidado

vieras

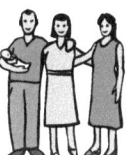

tia

täti

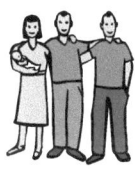

tio

setä

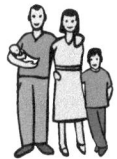

irmão

veli

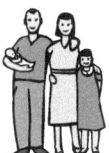

irmã

sisko

# corpo

# vartalo

testa
otsa
olho
silmä
ombro
olkapää
dedo
sormet
cara
kasvot
queixo
leuka
mão
käsi
perna
jalka
peito
rinta
braço
käsivarsi


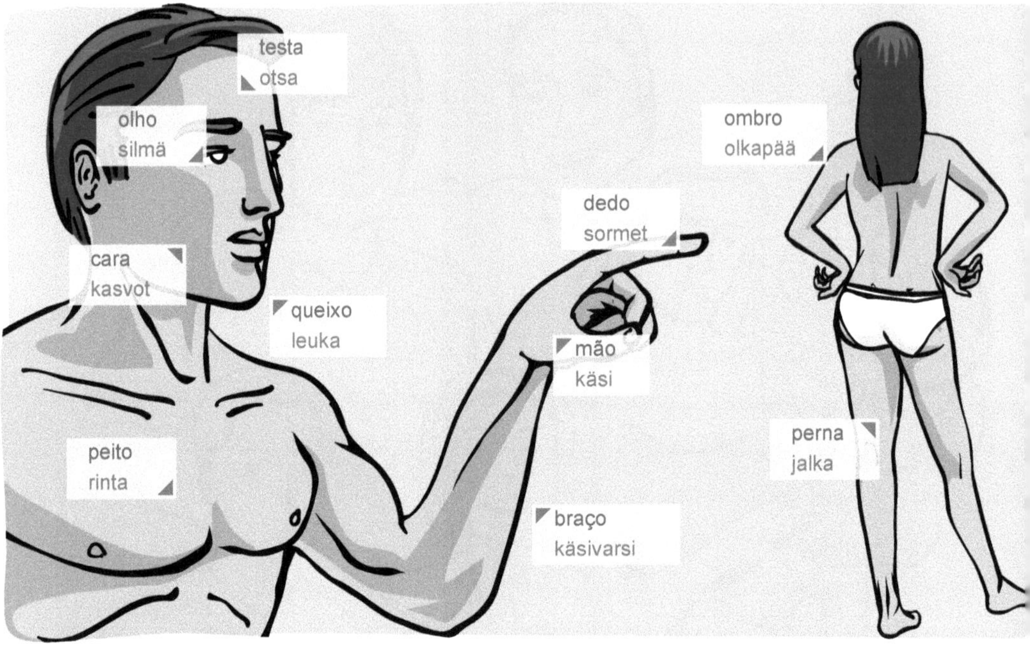

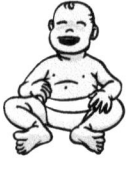

bebé

vauva

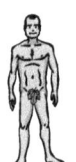

homem

mies

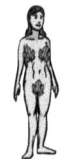

mulher

nainen

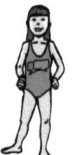

menina

tyttö

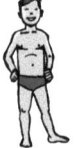

menino

poika

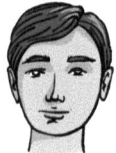

cabeça

pää

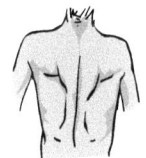

costas

selkä

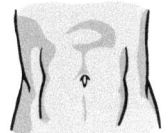

barriga

maha

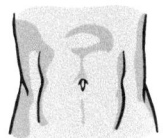

umbigo

napa

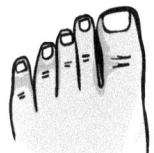

dedo do pé

varvas

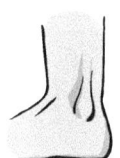

calcanhar

kantapää

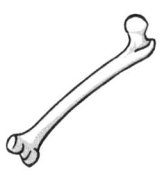

osso

luu

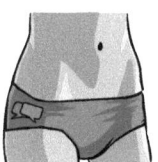

anca

lantio

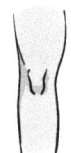

joelho

polvi

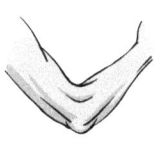

cotovelo

kyynärpää

nariz

nenä

nádegas

takapuoli

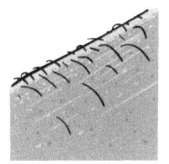

pele

iho

bochecha

poski

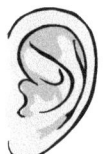

orelha

korva

lábio

huuli

boca

suu

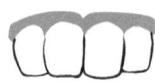

dente

hammas

língua

kieli

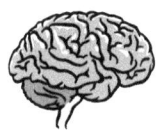

cérebro

aivot

coração

sydän

músculo

lihas

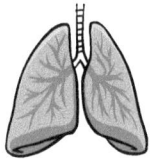

pulmão

keuhkot

fígado

maksa

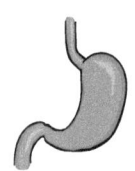

estômago

vatsa

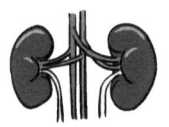

rins

munuaiset

relações sexuais

seksi

preservativo

kondomi

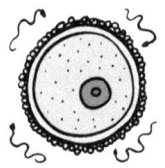

óvulo

munasolu

esperma

sperma

gravidez

raskaus

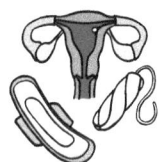

menstruação

kuukautiset

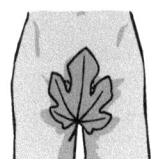

vagina

vagina

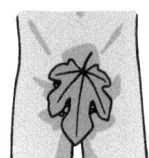

pénis

penis

sobrancelha

kulmakarvat

cabelo

hiukset

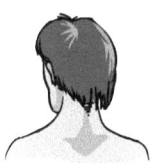

pescoço

niska

# hospital
# sairaala

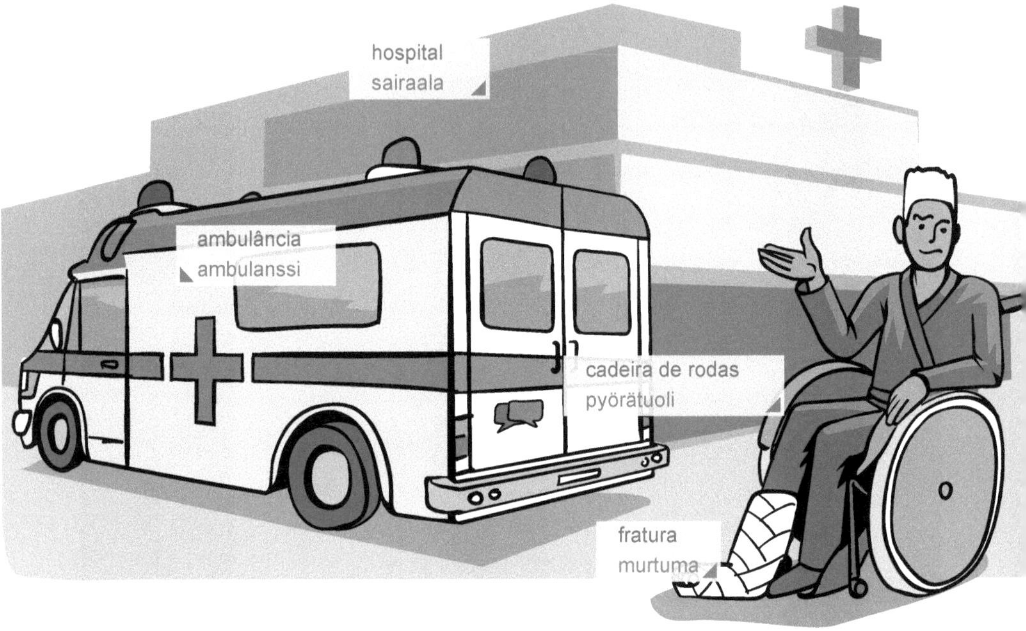

hospital
sairaala
ambulância
ambulanssi
cadeira de rodas
pyörätuoli
fratura
murtuma

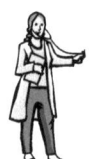

médico

lääkäri

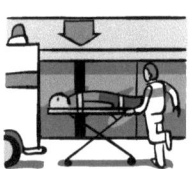

serviço de urgências

ensiapu

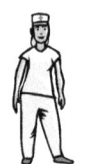

enfermeira

sairaanhoitaja

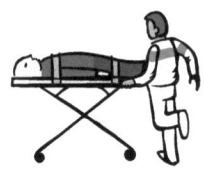

emergência

hätätilanne

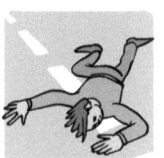

inconsciente

tajuton

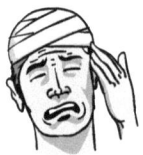

dor

kipu

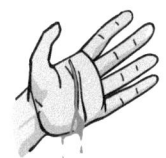

ferimento

vamma

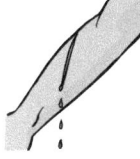

hemorragia

verenvuoto

ataque cardíaco

sydänkohtaus

acidente vascular cerebral

aivoinfarkti

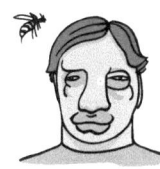

alergia

allergia

tosse

yskä

febre

kuume

gripe

flunssa

diarreia

ripuli

dor de cabeça

päänsärky

cancro

syöpä

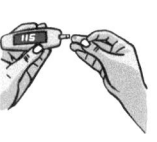

diabetes

diabetes

cirurgião

kirurgi

bisturi

veitsi

operação

leikkaus

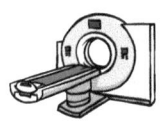

CT
ct

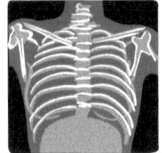

raio x
röntgen

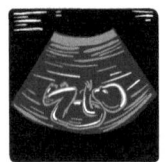

ultrassom
ultraääni

máscara
maski

doença
sairaus

sala de espera
odotushuone

muleta
sauva

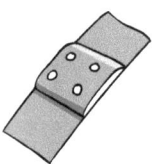

penso rápido
laastari

ligadura
side

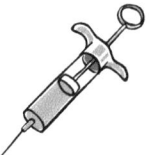

injeção
pistos

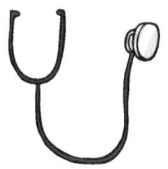

estetoscópio
stetoskooppi

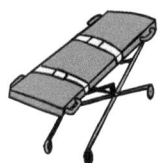

maca
paarit

termómetro
kuumemittari

nascimento
syntymä

excesso de peso
ylipaino

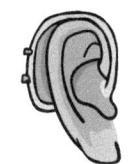

aparelho auditivo

kuulolaite

desinfetante

desinfiointiaine

infeção

infektio

vírus

virus

HIV / SIDA

HIV / AIDS

medicamento

lääke

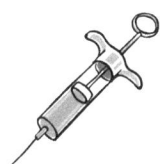

vacinação

rokotus

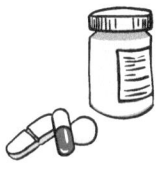

comprimidos

tabletit

pílula

pilleri

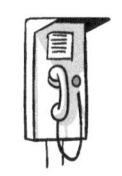

chamada de emergência

hätäpuhelu

dispositivo de medição de
pressão arterial

verenpainemittari

doente / saudável

sairas / terve

Socorro!

Apua!

alarme

hälytys

assalto

ryöstö

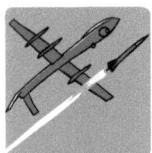

ataque

hyökkäys

perigo

vaara

saída de emergência

hätäuloskäynti

Fogo!

Tulipalo!

extintor de incêndios

palosammutin

acidente

onnettomuus

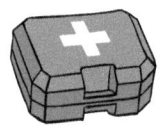

estojo de primeiros socorros

ensiapulaukku

SOS

SOS

polícia

poliisilaitos

Europa

Eurooppa

América do Norte

Pohjois-Amerikka

América do Sul

Etelä-Amerikka

África

Afrikka

Ásia

Aasia

Austrália

Australia

Atlântico

Atlantin valtameri

Pacífico

Tyynimeri

Oceano Índico

Intian valtameri

Oceano Antártico

Eteläinen jäämeri

Oceano Ártico

Pohjoinen jäämeri

Polo Norte

pohjoisnapa

Polo Sul

etelänapa

Antártica

Antarktis

terra

maa

país

maa

mar

meri

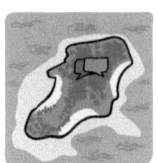

ilha

saari

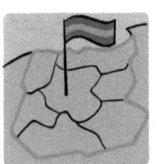

nação

kansa

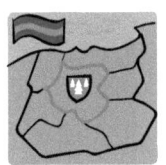

estado

osavaltio

mostrador do relógio

kellotaulu

ponteiro das horas

tuntiviisari

ponteiro dos minutos

minuuttiviisari

ponteiro dos segundos

sekuntiviisari

Que horas são?

Paljonko kello on?

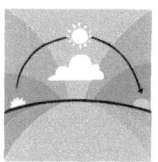

dia

päivä

tempo

aika

agora

nyt

relógio digital

digitaalikello

minuto

minuutti

hora

tunti

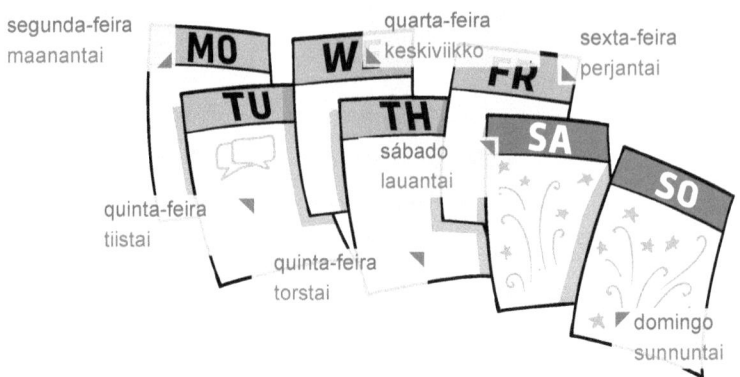

segunda-feira
maanantai

quarta-feira
keskiviikko

sexta-feira
perjantai

quinta-feira
tiistai

quinta-feira
torstai

sábado
lauantai

domingo
sunnuntai

ontem

eilen

hoje

tänään

amanhã

huomenna

manhã

aamu

meio-dia

keskipäivä

entardecer

ilta

dias úteis

työpäivät

fim de semana

viikonloppu

chuva
sade

arco-íris
sateenkaari

vento
tuuli

neve
lumi

primavera
kevät

verão
kesä

outono
syksy

inverno
talvi

| 4.APRIL | 11° | ☀ |
| 5.APRIL | 4° | ☁ |
| 6.APRIL | 13° | ☂ |
| 7.APRIL | 8° | ☀ |
| 8.APRIL | 10° | ☀ |

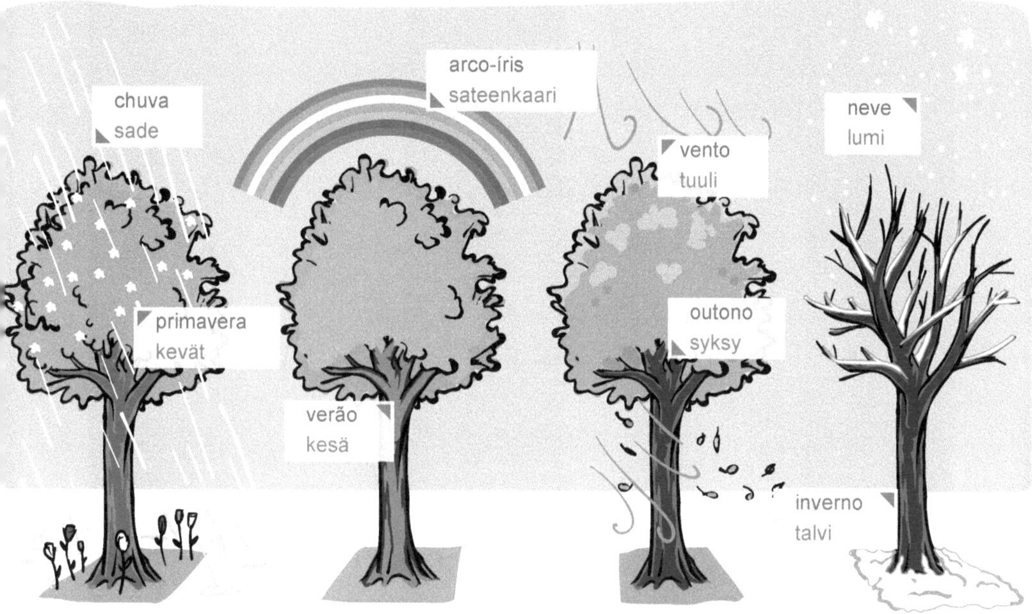

previsão do tempo
sääennuste

termómetro
lämpömittari

raios de sol
auringonpaiste

nuvem
pilvi

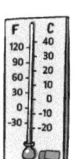

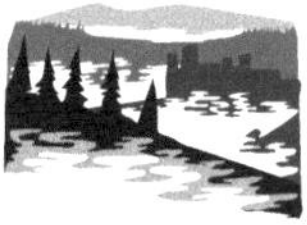

neblina / nevoeiro
sumu

humidade do ar
ilmankosteus

relâmpago

salama

trovão

ukkonen

tempestade

myrsky

granizo

rae

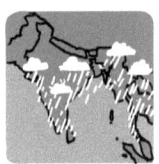

monção

monsuuni

inundação

tulva

gelo

jää

janeiro

tammikuu

fevereiro

helmikuu

março

maaliskuu

abril

huhtikuu

maio

toukokuu

junho

kesäkuu

julho

heinäkuu

agosto

elokuu

ano - vuosi

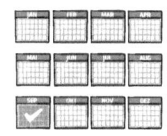

setembro

syyskuu

outubro

lokakuu

novembro

marraskuu

dezembro

joulukuu

## formas
## muodot

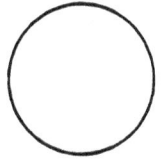

círculo

ympyrä

quadrado

neliö

retângulo

suorakulmio

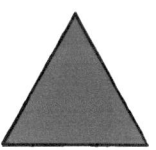

triângulo

kolmio

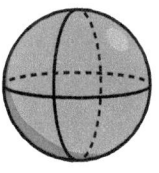

esfera

pallo

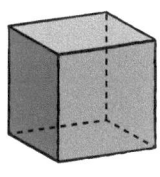

cubo

kuutio

branco

valkoinen

amarelo

keltainen

laranja

oranssi

rosa

vaaleanpunainen

vermelho

punainen

lilás

violetti

azul

sininen

verde

vihreä

castanho

ruskea

cinzento

harmaa

preto

musta

muito / pouco

paljon / vähän

furioso / calmo

vihainen / ystävällinen

lindo / feio

kaunis / ruma

princípio / fim

alku / loppu

grande / pequeno

suuri / pieni

claro / escuro

vaalea / tumma

irmão / irmã

veli / sisko

limpo / sujo

puhdas / likainen

completo / incompleto

täydellinen / epätäydellinen

dia / noite

päivä / yö

morto / vivo

kuollut / elävä

largo / estreito

leveä / kapea

comestível / não comestível

syötävä / syömäkelvoton

mau / gentil

paha / kiltti

entusiasmado / entediado

innostunut / tylsistynyt

gordo / magro

lihava / laiha

primeiro / último

ensimmäinen / viimeinen

amigo / inimigo

ystävä / vihollinen

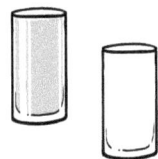

cheio / vazio

täysi / tyhjä

duro / macio

kova / pehmeä

pesado / leve

painava / kevyt

fome / sede

nälkä / jano

doente / saudável

sairas / terve

ilegal / legal

laiton / laillinen

inteligente / burro

älykäs / tyhmä

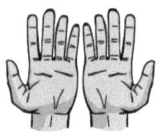

esquerda / direita

vasen / oikea

perto / longe

lähellä / kaukana

novo / usado

uusi / käytetty

nada / algo

ei mitään / jotain

velho / jovem

vanha / nuori

ligado / desligado

päällä / pois päältä

aberto / fechado

auki / kiinni

baixo / alto

hiljainen / äänekäs

rico / pobre

rikas / köyhä

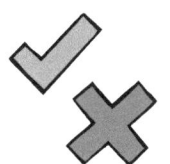

certo / errado

oikein / väärin

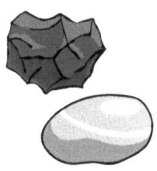

áspero / liso

karhea / sileä

triste / feliz

surullinen / iloinen

curto / longo

lyhyt / pitkä

lento / rápido

hidas / nopea

molhado / seco

märkä / kuiva

ameno / fresco

lämmin / viileä

guerra / paz

sota / rauha

**0**
zero
nolla

**1**
um
yksi

**2**
dois
kaksi

**3**
três
kolme

**4**
quatro
neljä

**5**
cinco
viisi

**6**
seis
kuusi

**7**
sete
seitsemän

**8**
oito
kahdeksan

**9**
nove
yhdeksän

**10**
dez
kymmenen

**11**
onze
yksitoista

**12**

doze
kaksitoista

**13**

treze
kolmetoista

**14**

catorze
neljätoista

**15**

quinze
viisitoista

**16**

dezasseis
kuusitoista

**17**

dezassete
seitsemäntoista

**18**

dezoito
kahdeksantoista

**19**

dezanove
yhdeksäntoista

**20**

vinte
kaksikymmentä

**100**

cem
sata

**1.000**

mil
tuhat

**1.000.000**

milhão
miljoona

inglês

englanti

inglês americano

amerikanenglanti

chinês mandarim

mandariinikiina

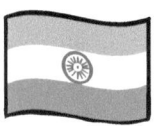

hindi

hindi

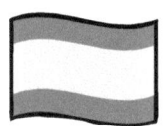

espanhol

espanja

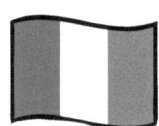

francês

ranska

árabe

arabia

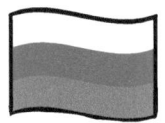

russo

venäjä

português

portugali

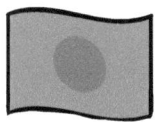

bengalês

bengali

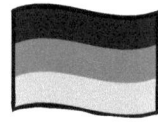

alemão

saksa

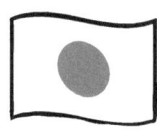

japonês

japani

eu

minä

tu

sinä

ele / ela

hän

nós

me

vós

te

eles / elas

he

quem?

kuka?

o quê?

mitä / mikä?

como?

miten?

onde?

missä?

quando?

milloin?

nome

nimi

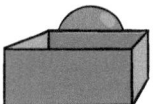

atrás

takana

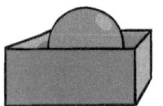

em

sisällä

à frente de

edessä

sobre

yläpuolella

em cima

päällä

debaixo

alapuolella

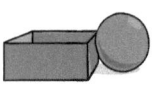

ao lado

vieressä

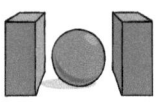

entre

välissä

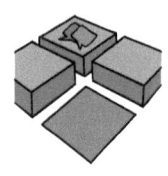

lugar

paikka